Para

_De_

Con motivo de

LA BIBLIA EN CUADROS PARA
NIÑOS PEQUEÑOS

ELLA K. LINDVALL

ILUSTRADO POR ROGER LANGTON

EDITORIAL PORTAVOZ
GRAND RAPIDS, MICHIGAN

La misión de *Editorial Portavoz* consiste en proporcionar productos de calidad —con integridad y excelencia—, desde una perspectiva bíblica y confiable, que animen a las personas a conocer y servir a Jesucristo.

Título del original: *The Bible In Pictures for Toddlers,* © 2002 por The Moody Bible Institute of Chicago y publicado por primera vez en Estados Unidos de América por Moody Press, Chicago Illinois.
© 2002 de esta edición en inglés por Angus Hudson Ltd/Tim Dowley & Peter Wyart en representación de Three's Company. Todos los derechos reservados.

Edición en castellano: *La Biblia en cuadros para niños pequeños,* © 2004 por Angus Hudson Ltd/Tim Dowley & Peter Wyart en representación de Three's Company, y publicado por Editorial Portavoz, filial de Kregel Publications, Grand Rapids, Michigan 49501. Todos los derechos reservados.

Traducción: Nohra Bernal
Edición: José Luis Riverón
Diseño: Peter Wyart,
        Three's Company

Coedición mundial organizada y producida por:
Lion Hudson
www.lionhudson.com

EDITORIAL PORTAVOZ
P.O. Box 2607
Grand Rapids, Michigan 49501
USA
Visítenos en: www.portavoz.com

ISBN 978-0-8254-1710-8

Impreso en China
Printed in China

Prólogo

Por más de tres generaciones, *La Biblia en cuadros para niños* ha sobresalido como una guía para los niños en el proceso de conocer a nuestro Padre celestial y a nuestro Señor Jesús. Muchos niños han recibido la vida eterna gracias a su lectura en compañía de los padres.

Ahora contamos con un maravilloso libro diseñado para que los más pequeñitos anden desde el inicio de su vida con su Señor Jesús y sus ángeles, y con nuestro Padre celestial.

Mi oración, junto con la autora, el ilustrador y el editor, es que ocurran milagros poderosos en muchos pequeñitos gracias a este libro. Que pueda trascender las barreras y llegar a multitudes, a las cuales Jesús dijo: "Dejad a los niños venir a mí".

Kenneth N. Taylor
Autor de *La Biblia en cuadros para niños*, que es un éxito de librería. Fundador y presidente de la junta directiva de *Tyndale House Publishers*

Contenido

Antiguo Testamento

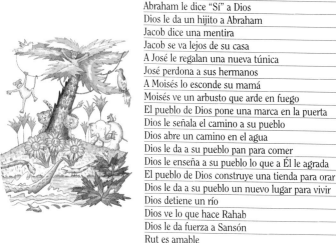

Nuevo Testamento

Dios hace al mundo

Hace mucho tiempo no había cielo.
No había luz.
Tampoco había sol. Ni luna. Ni estrellas.
No había arena ni prado donde jugar.
Ni peces. Ni pájaros. Ni perritos.
Ni caballos. Ni mariposas.
Entonces nuestro Dios poderoso hizo
   todas esas cosas.
¿Qué más hizo Él?

Génesis 1:1–25

Dios hace a las personas

Hace mucho tiempo no había personas.
No había papás. Ni mamás.
No había niños. Tampoco había niñas.
    Ni bebés.
Entonces el Señor Dios hizo a Adán.
Hizo también a Eva. (¿La ves?)
Dios dijo: "Todo es muy bueno".
Pero luego Adán y Eva le dijeron
    no a Dios.
Y eso dañó el hermoso mundo que Dios
    había hecho.
Génesis 1:27, 31; 3:3-6

Noé obedece a Dios

Un día el Señor Dios dijo:
"Noé, voy a hacer que caiga mucha lluvia.
Construye un barco para guardar a tu
    familia
y a los animales".
Noé obedeció muy rápido.
(Aquí construye el barco).
Luego Dios les dijo a los animales que
    entraran.
¿Puedes ver a Noé?

Génesis 6:14; 7:7–9

Dios cuida a Noé

¡Splash! Cayó la lluvia.
¡Splash! Subió el agua.
Pero Noé y su familia
estaban seguros en el barco.
Los animales que Dios hizo entrar
estaban seguros en el barco.
Dios cuidó bien a Noé.
Dios te cuida bien a ti.

Génesis 7:19; 8:1

Dios cumple lo que dice

Después que toda esa agua se fue,
todos salieron del barco de Noé.
Entonces Dios dijo: "Nunca enviaré
tanta agua. Nunca más."
Dios hizo un arco iris. (¿Lo ves?)
Dios dijo: "Cada vez que yo vea
    un arco iris,
recordaré lo que dije sobre el agua".
Y puedes estar seguro de que lo hará.

Génesis 9:11–16

Las personas le dicen "No" a Dios

Dios quería que las personas estuvieran
   por todo el mundo.
Pero ellas dijeron: "No.
Hagamos una torre para quedarnos todos
   aquí".
Entonces Dios cambió su manera de
   hablar.
Y así ya no quisieron estar juntos.
Se fueron a vivir
adonde el Señor los mandó.
¿Dónde está la torre que construyeron?
Génesis 9:1; 11:1–8

Abraham le dice "Sí" a Dios

Un día Dios le dijo a Abraham
que se fuera a un lugar muy lejos.
Abraham nunca había ido allá.
Pero Abraham le dijo sí a Dios.
Llevó a su esposa y sus ayudantes,
a sus camellos y a sus ovejas,
para hacer lo que Dios le dijo.
¿Dónde ves a Abraham?

Génesis 12:1–5

19

Dios le da un hijito a Abraham

Una noche el Señor dijo:
"Abraham, voy a darte un hijito.
Y un día tu familia
será tan numerosa como las estrellas".
(¿Ves las estrellas?)
Abraham estaba muy feliz por lo que Dios
   le dijo.
Abraham sabía que Dios siempre cumple
lo que dice.

Génesis 15:1–6

Jacob dice una mentira

Isaac había preparado un regalo para
  Esaú.
Pero Jacob, el hermano de Esaú,
  quería tener ese regalo.
Entonces Jacob vino y dijo:
  "Yo soy Esaú".
¿Era verdad? No, era una mentira.
Pero los ojos de Isaac ya no podían ver.
Él pensó que era Esaú.
Y le dio el regalo a Jacob.
¿Dónde está el hombre que
  dijo una mentira?

Génesis 27:1–4, 15–19, 23

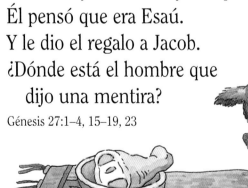

Jacob se va lejos de su casa

Jacob estaba dormido, lejos de su casa.
Soñó que veía una gran escalera.
Soñó que veía unos ángeles.
Luego Jacob escuchó al Señor que dijo:
"Estaré contigo en todas partes".
Luego Jacob se despertó y dijo:
"¡Oh, Dios está aquí tan lejos!"
Dios también está contigo en
    todas partes.

Génesis 28:10–16

25

A José le regalan una nueva túnica

Mira la linda túnica nueva de José.
Se la regaló su papá.
El papá de José lo ama mucho.
Y le gusta darle buenos regalos a José.
¿Sabías que Dios te ama?
A Dios le gusta darte buenos regalos.
¿Recuerdas un buen regalo
que Dios te ha dado?

Génesis 37:3

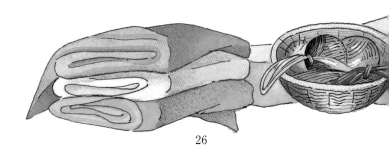

26

José perdona a sus hermanos

¡Mira! Los hermanos de José
vinieron a verlo.
Hace mucho tiempo los hermanos
de José fueron muy malos con él.
Pero ahora ellos tenían hambre.
Y José les dio comida.
Él no fue malo con ellos.
¿Quién es José?

Génesis 45:4–11

29

A Moisés lo esconde su mamá

¿Puedes ver al bebé Moisés?
El rey quería hacerle daño a Moisés,
y por eso su mamá lo escondió.
Ella lo escondió en una canasta,
y el rey malo no pudo encontrarlo.
Una señora muy amable sí lo encontró.
Ella fue muy buena con el bebé.
Y Dios es bueno contigo.

Éxodo 1:22; 2:2–6

Moisés ve un arbusto que arde en fuego

Cuando Moisés ya era grande,
un día vio un arbusto que ardía
    y ardía en fuego.
Se acercó para verlo.
Alguien lo llamó: "¡Moisés!".
Era el Señor que lo llamaba.
Tenía un trabajo importante para Moisés.
Hoy no podemos escuchar a Dios con
    nuestros oídos.
Lo que Él nos habla está en la Biblia.

Éxodo 3:1–10

El pueblo de Dios pone una marca en la puerta

Un día Dios le dijo a su pueblo:
"Todos los niños mayores
van a enfermarse y morir.
Pero ustedes deben poner una marca
en sus puertas con la sangre de una oveja.
Yo la veré, y los cuidaré".
¿Ves que la gente hace lo que Dios dijo?
¿Qué hará el Señor por ellos?

Éxodo 12:5–7, 12–13

Dios le señala el camino a su pueblo

Mira toda esa gente tan feliz.
Dios llevó a su pueblo a dar
un paseo muy largo.
Les envió una nube grande
para señalarles el camino que debían
    seguir.
El Señor estaba en esa gran nube.
Las personas no podían verlo,
pero Él estaba ahí. Y también está aquí.

Éxodo 13:20–22

Dios abre un camino en el agua

¿Ves toda esa agua?
El pueblo de Dios estaba de camino
antes de llegar a esa agua.
No había un camino para pasar.
Entonces el Señor envió un viento fuerte
que sopló e hizo un camino en el agua.
Nadie se mojó los pies.
Nuestro Dios puede hacer cosas muy
 difíciles.

Éxodo 14:21–22

Dios le da a su pueblo pan para comer

El pueblo de Dios tenía hambre,
y no tenían comida para comer.
Pero el Señor tenía la solución.
Les envió un tipo de pan.
Ellos solo tenían que salir a recogerlo.
    (¿Los ves?)
Dios sabe que tenemos hambre.
Así que nos da comida para comer.
Éxodo 16:4, 13–18

Dios le enseña a su pueblo lo que a Él le agrada

¿Ves que Moisés tiene piedras en las
 manos?
Dios escribió palabras en esas piedras.
Escribió cosas como:
 "Yo soy el Señor tu Dios.
Pórtate bien con mamá y papá.
No tomes las cosas de otras personas".
Ahora el pueblo de Dios sabía cómo hacer
 lo que
a Él le agrada.

Éxodo 20:1–17; 32:15–16

El pueblo de Dios construye una tienda para orar

¿Qué es esa gran tienda?
Es el lugar donde el pueblo de Dios
venía para hablar con Él.
Ellos podían decir: "Por favor, ayúdame",
o "gracias Señor",
o "¿qué debo hacer?"
Señala la nube que parece de fuego.
Esa nube significa que Dios estaba allí.

Éxodo 40:18–38

Dios le da a su pueblo un nuevo lugar para vivir

Mira esas hermosas uvas.
Dios tenía para su pueblo
un nuevo lugar para vivir.
Él dijo: "Envíen a alguien
que pueda mirarlo".
Los hombres que fueron a mirarlo
     dijeron:
"Dios nos da un lugar muy bueno.
¡Miren las uvas que podemos comer allá!"

Números 13:2, 23, 27

Dios detiene un río

¡Qué río tan grande!
¿Tú crees que el pueblo de Dios
es capaz de cruzarlo?
Dios les ayudó.
Abrió un camino seco
en medio del agua.
El Señor puede hacer obras
maravillosas por nosotros.

Josué 3:14–17

Dios ve lo que hace Rahab

¿Puedes ver a esa señora?
Se llama Rahab.
Ella ayudó a dos hombres de Dios
a bajar por un muro muy alto.
Dios vio lo que ella hizo.
Cuando el gran muro cayó al suelo,
Él también vio todo.
Y cuidó a Rahab.

Josué 2:15; 6:1–5, 25

Dios le da fuerza a Sansón

Sansón podía levantar objetos muy
   grandes y pesados.
Sansón podía pelear con leones.
Sansón era un hombre muy fuerte.
Dios lo hizo así.
Él tenía un trabajo muy especial para
   Sansón.
Dios te hizo como eres
y Él siempre hace las cosas bien.

Jueces 14:5–6; 16:2–3

Rut es amable

Noemí tenía que viajar muy sola
y muy lejos.
Le dio un beso a Rut y le dijo adiós.
Pero Rut dijo:
"No, yo quiero ir contigo.
Iré adonde tú vayas".
Y se fueron juntas. Rut fue muy amable.
¿Tú también puedes ser amable con las
    personas?

Rut 1:9–18

A Rut le gusta ayudar

Aquí vemos a Rut otra vez.
¿Qué hace ahora?
Rut recoge comida para
preparar la cena.
Noemí la esperaba en casa.
Ella también tenía hambre.
Y Rut compartió su cena con ella.
¿Tú también compartes con otros?

Rut 2:5–18

Samuel trabaja en la casa de Dios

Este hombre anciano se llama Elí.
Él cuidaba la casa de Dios.
Esta mujer es la mamá de Samuel.
Trae a Samuel para que le ayude a Elí.
Elí le dijo a Samuel que abriera las
   puertas
de la casa de Dios todos los días.
Samuel quería hacer feliz al Señor,
así que obedeció lo que Elí le mandó.

1 Samuel 1:24–28; 3:15

Dios conoce el nombre de Samuel

Una noche alguien llamó a
Samuel. Dijo: "¡Samuel!"

Samuel corrió a buscar a Elí.

Pero Elí dijo: "Yo no te llamé".

El que llamó a Samuel fue el Señor.

El Señor quería decirle algo.

Y Él conocía el nombre de Samuel.

El Señor también conoce tu nombre.

1 Samuel 3:2–10

David es fuerte

David tenía mucha fuerza.
Peleaba con los leones para cuidar a sus
   ovejas.
David también tenía un corazón valiente.
Amaba al Señor Dios.
El Señor sabe lo que hay dentro
de cada persona.
Y Él dijo: "Yo sé que ese niño
será un buen rey".

1 Samuel 16:1–12; 17:34–37

David no tiene miedo

¡Qué hombre tan grande!
Vino para pelear con el pueblo de Dios.
Todos le tenían miedo.
Bueno, no todos. David no tenía miedo.
David dijo: "Pelearé con él.
El Señor me ayudó a matar a un león.
Él me ayudará a pelear con ese gigante".
Y el Señor le ayudó.

1 Samuel 17:32–37, 42–50

Salomón construye una casa para Dios

¿Ves la casa que Salomón construyó?
Era una casa para Dios.
Bueno, Dios no necesitaba una casa,
porque Él hizo todas las cosas.
Pero Dios le dijo a Salomón que
de todas formas la construyera.
Salomón construyó la casa más hermosa
que puedas imaginar,
porque Dios es maravilloso.

1 Reyes 6:1, 11–14

Dios le da comida a Elías

¿Qué hacen estos grandes pájaros?
Elías tenía hambre,
pero no había comida.
Entonces Dios mandó a los pájaros.
Ellos le llevaron pan a Elías para
    desayunar.
También le llevaron carne para su cena.
¿Te parece que Dios fue muy bueno
    con Elías?
Dios también es bueno con nosotros.
    Siempre.

1 Reyes 17:1–6

Elías se va al cielo

Elías subió al cielo para estar con Dios.
Su amigo Eliseo vio cuando se fue.
(¿Ves el hermoso carro que Dios envió
para llevarlo? Otras personas no
   se van al cielo
como Elías).
Ahora Jesús está en el cielo,
preparando un lugar muy lindo
para recibir a sus amigos.
2 Reyes 2:9–12

Dios envía un gran pez para salvar a Jonás

¡Oh, no! Jonás necesita ayuda.

Está en una tormenta.
¿Ves el gran pez que se acerca?
Dios envió ese pez para ayudarle.
El gran pez tomó a Jonás
y lo llevó hasta donde había tierra seca.
Dios siempre conoce
todo lo que necesitamos.

Jonás 1:12–17; 2:10

Daniel habla con Dios

¿Ves a Daniel hablando con Dios?
Daniel oraba todos los días.
Y Dios lo escuchaba.
El rey dijo: "No oren".
Pero Daniel no dejó de orar.
(Esos hombres le contaron al rey).
Recuerda que puedes hablar con Dios,
y que Él te escucha.

Daniel 6:4–11

Dios no deja que los leones muerdan a Daniel

¿Qué hace ahí Daniel con todos esos leones?
El rey lo puso en ese lugar
porque Daniel estaba orando.
Los leones querían morderlo.
Pero el Señor dijo: "No",
y cerró sus bocas.
A Dios le gusta ayudar a su pueblo.

Daniel 6:12–23

Un ángel cuenta buenas noticias

Algunos pastores
cuidaban a sus ovejas.
De repente, vieron una luz muy brillante.

Vieron a un ángel.
El ángel dijo: "Tengo buenas noticias.
¡Cristo el Señor nació!"
Luego llegaron más ángeles.
¿Puedes verlos?

Lucas 2:8–14

Los pastores cuentan buenas noticias

Aquí están los pastores.
Dejaron a sus ovejas.
Fueron a buscar al bebé Jesús.
Y mira, lo encontraron.
Estaban muy felices.
Luego fueron a contarle a otras personas:
"¡Cristo el Señor nació!"
Y tú ¿a quién le vas a contar?

Lucas 2:15–17

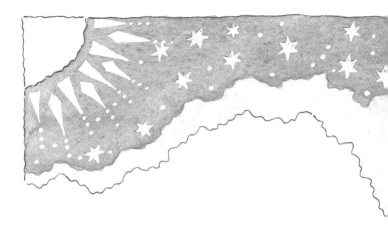

Hombres sabios buscan al bebé Jesús

Un día unos hombres sabios
hicieron un largo viaje.
(¿Ves los camellos en que viajaban?)
Buscaban al bebé Jesús.
Tenían regalos para Él.
Dios vio que iban a llegar.
Puso una nueva estrella en el cielo
para mostrarles el camino hacia Jesús.

Mateo 2:1–2

Los hombres sabios le traen regalos a Jesús

La nueva estrella les mostró
el camino para llegar a esta casa.
Allí encontraron al bebé Jesús.
Le dieron unos regalos.
Un regalo era oro muy brillante.
Tal vez no podemos darle oro a Jesús.
Pero sí podemos hacerlo feliz.
Podemos obedecer lo que nos manda.

Mateo 2:9–11

El niño Jesús habla con los maestros

Un día, cuando Jesús era más grande, fue a la casa de Dios.

Habló con los maestros que estaban allí.
Los maestros preguntaron:
"¿Por qué este niño es tan inteligente?"
Pero nosotros sí sabemos
lo que ellos no sabían.
Jesús es el Hijo de Dios que vino del cielo.

Lucas 2:41–47

Dios dice quién es Jesús

¿Ves a Jesús ya grande,
y a su amigo Juan?
Lo que Juan hace aquí con
Jesús se llama bautizar.
Después Dios habló desde el cielo.
Él dijo: "Jesús es mi amado Hijo.
Él me hace muy feliz".
Dios quiere que todo el mundo lo sepa.

Mateo 3:13–17

Jesús siempre hace lo bueno

¿Jesús está ahora con sus amigos?
No. Está solo.
Y ese día Satanás vino para hablarle.
Satanás no quiere a Dios.
Satanás trató de obligar a Jesús
a hacer algo malo.
Pero Jesús no lo hizo.
Jesús siempre hace lo que está bien.

Mateo 4:1–11

Jesús llama a algunos hombres para que sean sus amigos

Todos los días Jesús enseñaba.
Todos los días las personas escuchaban.

Pero Jesús quería tener unos amigos
que lo acompañaran todo el tiempo.
Un día Él dijo: "Quiero que tú… y tú…
y tú, vengan conmigo".
¿Puedes contar cuántos amigos tenía?
Él también quiere que tú seas su amigo.

Mateo 4:18-22

Jesús convierte el agua en jugo

Jesús y sus amigos fueron a una fiesta.
Ese día tomaron un jugo de uvas
   delicioso.
Pero después el jugo se acabó.
Jesús les dio estas instrucciones a los
   ayudantes:
"Pongan agua en esas jarras grandes".
Los ayudantes obedecieron, y luego
¡Jesús convirtió esa agua en jugo!
¿Como lo hizo? Él es el Hijo de Dios.

Juan 2:1–10

Jesús sana a un hombre enfermo

El hombre que ves en la camilla estaba
  enfermo.

Sus amigos lo llevaron a Jesús.

El problema es que había demasiadas
  personas.

Entonces mira lo que hicieron sus
  amigos.

Hicieron un agujero en el techo.

Y bajaron a su amigo en la camilla.

¿Jesús lo pudo sanar?

Claro que sí. Jesús es el Hijo de Dios.

Lucas 5:17–25

Nicodemo escucha buenas noticias

Aquí está Nicodemo hablando con Jesús.
Él no conocía el camino al cielo.
Jesús le dijo: "Dios ama a las personas".
  Por eso envió a Jesús.
Si creemos que Jesús es el Hijo de Dios,
podemos ir a vivir con Él en el cielo.
Estas fueron buenas noticias para
  Nicodemo.
También son buenas noticias para
  nosotros.

Juan 3:1–4, 14–16

Jesús le dice a la gente cómo agradar a Dios

¿Ves a esas personas en la colina alta?
Estaban escuchando las palabras de Jesús.
Él les decía: "Hagan lo bueno,
sean amables con todos.
Nunca digan mentiras.
Y recuerden que Dios los cuida.
Él sabe lo que ustedes necesitan".

Mateo 5:1–12; 6:8, 30–33

Jesús hace que una niña vuelva a vivir

Esta niña estaba muy enferma y ya no
    podía comer.
Estaba tan enferma que no podía jugar.
Estaba tan enferma que se murió.
Entonces Jesús vino a su casa.
Y le dijo: "Niña, levántate".
¡Y ella se levantó! Volvió a estar bien.
¿Cómo lo hizo Jesús?
¡Ya lo sabemos! Él es el Hijo de Dios.

Lucas 8:41–42, 51–55

103

Jesús enseña desde un barco

¿Puedes ver a Jesús en el barco?

Ha estado enseñándoles a las personas.

Algunas personas olvidaron todo lo que él les dijo.

Otras empezaron a obedecerle y luego se cansaron.

Y otras estaban demasiado ocupadas para pensar en Dios.

Sin embargo, algunas hicieron lo que Jesús les dijo.

Y estas personas llenan de alegría el corazón de Dios.

Marcos 4:1–8

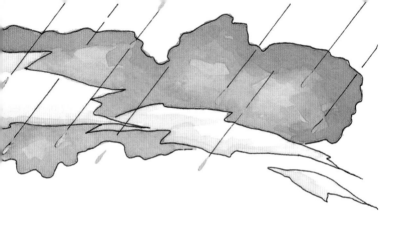

Jesús calma
una tormenta

¡Ese día hubo una gran tormenta!
El viento soplaba.
El agua salpicaba. (¿Lo ves?)
¡El agua entraba en el barco!
Los amigos de Jesús tenían miedo.
Pero Jesús habló al viento y al agua.
Les dijo: "Shh. Tranquilos, cálmense".
Y todo quedó en completa calma.

Mateo 8:23–27

La ayuda del buen samaritano

El hombre acostado en el camino está
  herido.
Alguien vino y lo vio.
Pero no se acercó para ayudarle.

Otro hombre pasó por ahí.

Y tampoco se acercó para ayudar.

Ahora, mira lo que el otro hombre hizo.

Llegó y se acercó, y cuidó al hombre
herido.

¿Tú también puedes ayudar a otros?

Lucas 10:30–37

Un hombre siembra un huerto

Este hombre siembra semillas.

Algunas semillas cayeron entre las piedras.

Y otras, en una tierra buena y suave.

Y a las semillas les gusta la tierra buena y suave.

Esa buena tierra se convirtió en un hermoso huerto.

Y el hombre estaba muy feliz.

Tú puedes hacer muy feliz a Jesús si haces lo que Él te dice.

Mateo 13:3–8

Un hombre busca a su oveja perdida

La oveja de este hombre se perdió,
y él salió a buscarla,
arriba y abajo de las colinas.
Cuando encontró a su oveja,
la cargó hasta llegar a la casa.
Él amaba mucho a su oveja.
Pero Jesús te ama mucho más
a ti.

Lucas 15:3–7

Jesús alimenta a mucha gente

Todas esas personas tenían hambre,
y no había comida por ninguna parte.

Un niño tenía algunos panes y pescados.
Y nada más. Pero se lo dio todo a Jesús.
¡Y Jesús hizo una gran comida para
   todos!
Todos pudieron comer pan y pescado.
¿Cómo lo hizo? Fácil, es el Hijo de Dios.

Juan 6:5–11

Jesús ama a los niños y a las niñas

Un día las mamás
llevaron a sus niños para ver a Jesús.
Ellas querían que Jesús orara por sus
    niños.
Los amigos de Jesús dijeron: "No. Él está
    muy ocupado".
Y les dijeron que se fueran.
Pero Jesús los llamó para que regresaran.
Y les dijo: "Dejen que los niños vengan
    a mí".
Y luego los abrazó.

Mateo 19:13–14; Marcos 10:13–16

Un hombre le da gracias a Jesús

Uno, dos tres, cuatro, cinco,
seis, siete, ocho, nueve, diez.
Había diez hombres enfermos.
Y dijeron: "¡Ayúdanos Jesús!"
Y Jesús los sanó a todos.
Aunque uno solo regresó para darle
   gracias.
¿Ves a ese hombre?
¿Puedes darle gracias a Jesús por algo?

Lucas 17:12–19

Una señora pobre
le da a Dios

Jesús se sentó en la casa de Dios.

Miraba lo que las personas le daban a
Dios.

Un hombre rico dio muchas monedas.

Pero también guardó muchas monedas
para él.

Una señora pobre solo le dio dos monedas
pequeñas.

Pero Jesús se puso muy feliz por lo que
ella hizo.

Ella le dio a Dios todo lo que
tenía.

¿Dónde está la señora?

Marcos 12:41–44

Jesús monta en un burro

¿Ves a Jesús en el burro?
Las personas corrían para ver a Jesús.
Movían ramas de árboles de un lado a
     otro.
Gritaban su nombre.
Estaban muy felices
porque Él estaba en su ciudad.
Y tú, ¿estás feliz porque Jesús vino a este
     mundo?

Marcos 11:7–11

Jesús come con sus amigos

Aquí está Jesús con sus amigos.
Él les dio pan para comer.
Y también jugo de uva para beber.

En pocos días Jesús iba a morir por
    nosotros,
así que les dijo:
"Cada vez que ustedes comen pan así
    como hoy,
y que toman jugo de uva como hoy,
piensen en mí".

Mateo 26:26–28; Lucas 22:19–20

Los soldados se llevan a Jesús

Esta es una historia muy triste.
¿Sabes por qué?

Algunos hombres estaban muy enojados
porque Jesús dijo: "Yo soy el Hijo de
Dios".
Así que enviaron soldados
para llevárselo.
Y Jesús los dejó.
Él iba a morir por nosotros.

Juan 18:1–12

Pilato no deja
ir a Jesús

Esta también es una historia triste.
Ese hombre que está sentado en la silla
podía hacer que dejaran ir a Jesús.
Pero no lo hizo.
Él prefería que las personas lo felicitaran
en vez de hacer lo bueno.
Y Jesús lo dejó.
Él iba a morir por nosotros.

Marcos 15:1–15

Jesús muere en la cruz

¿Ves esas cruces?

Los hombres pusieron a Jesús en una
cruz para morir.

Pero en ese momento,

Dios hizo algo maravilloso.

Puso sobre Jesús

todas las cosas malas que hacemos,

y Él murió por nosotros.

Él hizo esto porque nos ama.

Juan 19:16–18

Jesús vuelve a vivir

Jesús murió, y sus amigos lo pusieron
en una tumba como esta.
Luego vinieron unas señoras,
pero vieron que la tumba estaba vacía.
Después llegaron unos hombres,
y también vieron la tumba vacía.
¿Es posible que Jesús haya vuelto a vivir?
Sí, sí. ¡Él está vivo!

Lucas 24:1–6; Juan 20:6–10

Jesús aparece vivo otra vez

Los amigos de Jesús estaban reunidos, y de repente ¡Jesús apareció!

Estaban muy sorprendidos. Pero Jesús les dijo: "No tengan miedo. Soy yo".

Luego comió un poco de pescado para demostrarles que estaba vivo.

Jesús también está vivo hoy.

Lucas 24:33–43

Jesús regresa al cielo

Jesús y sus amigos
estaban sobre una gran colina.
Él dijo: "Vayan por todas partes
y háblenle de mí a las personas".
Luego sus amigos lo vieron irse
arriba, más arriba, hasta el cielo.
Jesús está allá ahora.
Y un día va a regresar otra vez.

Mateo 28:16-20; Hechos 1:9–11

El Espíritu Santo viene

Antes de que Jesús se fuera al cielo
les dijo a sus amigos:
"El Espíritu de Dios va a venir.
Él les dará fuerzas
para que puedan hablarles a otros de mí".
El Espíritu de Dios vino para ayudar.
Y aquí están los amigos,
listos para ir y contarle a todos de Jesús.

Hechos 1:8–9; 2:1–4

Pedro cuenta que Jesús es el Hijo de Dios

¿Ves al hombre que habla?
Pedro era uno de los amigos de Jesús.
El Espíritu de Dios le dio fuerzas a Pedro.
Él les contó a todas esas personas
que Jesús es el Hijo de Dios.
Algunos dijeron: "No, no es verdad".
Pero muchos dijeron: "Sí, Él es".
¿Tú que dices?

Hechos 2:14, 36–41

Jesús le habla a Pablo

Pablo no quería a Jesús.
Él trataba de dañar a los amigos de Jesús.
Pero un día Pablo vio una luz muy
brillante.
Él escuchó una voz: "Yo soy Jesús".
Y Pablo le contestó:
"Señor, qué deseas que yo haga?"
Después de eso, Pablo fue amigo de Jesús.
¿Tú eres amigo de Jesús?

Hechos 9:1–6, 10–20

143

Pablo le cuenta buenas noticias a un carcelero

Ese hombre que tiene las llaves
encerró a Pablo y a su amigo,
pero Dios los liberó.
Ahora ellos le cuentan buenas noticias:
"Dios envió al Señor Jesús.
Solo cree en Él.
Así serás amigo
    de Dios".
Esas son buenas
    noticias para todos.

Hechos 16:25–31

144